★ O JOVEM CHEF ★

APRENDENDO A ASSAR

SUMÁRIO

Título original *The Young Chef - Baking*

Publishers Anne McRae e Marco Nardi
Diretora do projeto Anne McRae
Diretor de arte Marco Nardi
Texto Ting Morris
Edição Melissa Grant
Fotografia Brent Park Jones
Produção culinária Mark Hockenhull e Lee Blaylock
Produção de acessórios Lee Blaylock
Preparo dos pratos Mark Hockenhull
Mãos das modelos Holly Tanti e Jess Nguyen

1ª. edição, novembro de 2012

ISBN 978-85-06-06931-8

Produção editorial da edição em português Clim Editorial
Tradução Dulcy Grisolia

Atendimento ao consumidor:
Caixa Postal 11541 – CEP: 05049-970 – São Paulo – SP – Brasil
Tel: (11) 3874-0880
www.editoramelhoramentos.com.br
sac@melhoramentos.com.br

Impresso na China

★ O JOVEM CHEF ★

Ting Morris

APRENDENDO A ASSAR

MELHORAMENTOS

ASSAR É DIVERTIDO

★ ALGUMAS REGRAS DE OURO ★

Bem-vindo ao maravilhoso mundo do forno! Esse livro contém uma seleção de 20 receitas deliciosas, desde cookies e muffins, biscoitos e cupcakes até bolos saborosos, tortinhas e pães. Ser Chef é um trabalho sério, mas seguindo essas receitas fáceis você aprenderá as técnicas básicas (e os truques!). Rapidamente começará a medir, misturar e amassar com confiança. Conforme for seguindo as receitas, vai descobrir de onde vem o alimento – não da geladeira nem da despensa. Depois que estiver pronto, você poderá dizer com orgulho: "Eu fiz isso sozinho!"

ANTES DE COMEÇAR

- Coloque um avental e prenda os cabelos longos. Não use qualquer bijuteria folgada que possa se enganchar em cabos de panelas.
- Primeiro, leia a receita inteira e separe todos os ingredientes e utensílios de que vai precisar.
- Siga a medida por peso ou por xícaras. Nunca misture as medidas. Quando medir com xícaras e colheres, elas devem estar rasas e não cheias.

SEGURANÇA EM PRIMEIRO LUGAR

- Sempre peça a permissão de um adulto antes de começar a cozinhar.
- Peça ajuda de um adulto para usar facas afiadas, raladores, descascadores e abridores de lata.
- Peça autorização para usar a batedeira, o liquidificador ou o processador de alimentos.
- Pergunte como se usa o forno e o fogão.

HIGIENE NA COZINHA

- Lave as mãos antes de começar a trabalhar e depois de manusear carne e peixe.
- Certifique-se de que todas as superfícies de trabalho estejam limpas.
- Mantenha as tábuas e tigelas limpas.
- Use tábuas diferentes para carnes e vegetais.
- Lave muito bem todas as frutas e vegetais antes de usar.
- Mantenha a carne, o peixe, o creme de leite e o queijo na geladeira até a hora de usar.
- Nunca coloque comida quente ou morna na geladeira.
- Não permita que carne ou peixe crus encostem em comida cozida ou em alimento que será ingerido sem cozinhar como, por exemplo, sobremesas e verduras.
- Verifique a data de validade de todos os ingredientes.

TRABALHANDO COM O FOGO

- Use luvas de proteção quando estiver lidando com panelas quentes ou tirando coisas do forno.
- Nunca coloque uma panela ou assadeira quente direto sobre a superfície de trabalho. Use uma esteira, uma tábua de madeira ou um aparador.
- Vire o cabo das panelas para fora do fogão enquanto estiver cozinhando. Quando terminar, vire para trás para evitar esbarrar e derrubar no chão.
- Segure o cabo com firmeza quando estiver mexendo uma comida sobre o fogão para que a panela não escorregue.

ALGUMAS TÉCNICAS BÁSICAS

Alimentos assados em casa são melhores para a saúde do que os que você compra no supermercado ou na padaria porque sabe-se exatamente o que contêm. Para durarem por mais tempo, os industrializados têm mais açúcar e gordura, bem como componentes químicos e aditivos. Mas lembre-se: embora os bolos e biscoitos feitos em casa sejam deliciosos, não se deve comer muito deles.

INGREDIENTES

Manteiga: Proporciona mais sabor e textura aos assados, mas contém muita gordura. As receitas indicam se você deve usar manteiga com ou sem sal e se deve ser gelada (direto da geladeira), amolecida (em temperatura ambiente) ou derretida.

Cacau em pó: É feito com chocolate sem açúcar. Peneire antes para remover os grumos.

Ovos: Usamos ovos grandes (60 g cada) em nossas receitas.

Não use ovos gelados, saídos direto da geladeira, eles devem estar em temperatura ambiente.

Farinha: Você pode usar farinha comum em todas as suas receitas. Algumas vezes é necessário peneirar para que fique mais leve. Siga as instruções de cada receita.

Leite: Use leite integral ou semidesnatado para obter os melhores resultados.

Açúcar: Quando a receita pedir açúcar, queremos dizer açúcar cristal. Todos os outros açúcares são listados pelo nome: refinado, de confeiteiro, mascavo etc.

TÉCNICAS

Abrindo a massa

Polvilhe farinha sobre a superfície de trabalho e sobre o rolo. Coloque a massa na superfície de trabalhe e empurre o rolo sobre ela, apertando para afinar a massa. Gire um pouco a massa e role de novo. Continue girando e passando o rolo até conseguir o formato e a espessura desejados.

Quebrando um ovo

Bata o meio de um ovo com firmeza na borda de uma tigela e abra cuidadosamente a casca. Deixe a clara e a gema caírem na tigela.

Batendo claras

Coloque as claras numa tigela bem limpa. Se estiver usando um batedor de arame, segure a tigela com uma das mãos e, com a outra, bata vigorosamente até que as claras fiquem espumosas. Continue batendo até formar picos firmes. Se usar uma batedeira, comece batendo em velocidade baixa e, aos poucos, aumente a velocidade, conforme as claras forem encorpando.

Espaçando biscoitos

Quando colocar biscoitos numa assadeira preparada, deixe pelo menos 3 cm de espaço entre um e outro. Eles se espalham enquanto assam e você não vai querer que fiquem todos grudados.

Esfriando biscoitos

Ao tirar biscoitos do forno, deixe-os esfriar na assadeira por 2-3 minutos até firmar um pouco. Com uma espátula de metal, transfira-os para uma grade de metal para esfriar.

BARRINHAS DE CEREAIS

½ xícara (chá) de manteiga sem sal (120 g)
¼ xícara (chá) de açúcar mascavo bem apertado (50 g)
⅓ xícara (chá) de xarope de maple ou glucose de milho (90 g)
1½ xícara (chá) de aveia em flocos (150 g)
½ xícara (chá) de coco ralado seco (60 g)
¼ xícara (chá) de damasco seco picado (45 g)
2 colheres (sopa) de cranberry seco
1 colher (sopa) de sementes de girassol
1 colher (sopa) de sementes de abóbora
½ xícara (chá) de castanhas mistas (avelãs, nozes, amêndoas) picadas
⅓ xícara (chá) de uva-passa (60 g)

ESSAS BARRINHAS PODEM TRANSFORMAR A HORA DO LANCHE EM UM MOMENTO DELICIOSO E SAUDÁVEL.

DICA Você pode fazer essas barrinhas com müsli comprado pronto no supermercado. Junte 3½ xícaras (chá) de müsli (350 g) com a mistura de manteiga derretida, açúcar e xarope e asse seguindo as instruções abaixo.

MODO DE FAZER

1 Preaqueça o forno a 180ºC. Derreta a manteiga, o açúcar e o xarope numa panela média sobre fogo baixo, mexendo sempre. Retire do fogo e deixe esfriar um pouco. Coloque numa tigela grande a aveia, o coco, o damasco, o cranberry, as sementes de girassol e de abóbora, as castanhas e a uva-passa e misture bem com as mãos.

1

2

2 Unte uma fôrma de 18 cm x 28 cm e forre com papel-manteiga. Despeje a mistura de manteiga sobre a mistura de frutas e mexa com a colher de pau até que todos os ingredientes fiquem bem misturados.

3 Coloque a mistura na fôrma preparada, pressionando com uma espátula ou colher para nivelar. Asse por 15 minutos até dourar.

3

4

4 Retire a fôrma do forno e deixe descansar por 5 minutos. Com uma faca, marque na superfície o corte de 12 barras. Deixe esfriar por 2 horas antes de servir.

RENDE 12 BARRINHAS • LEVA 20 MINUTOS PARA PREPARAR + 2 HORAS PARA ESFRIAR • TEMPO DE FORNO: 15 MINUTOS

★ BISCOITOS DE NÚMEROS ★

BISCOITOS

- 2 xícaras (chá) de farinha de trigo (300 g)
- ½ colher (chá) de fermento em pó
- ¼ colher (chá) de sal
- ½ xícara (chá) de açúcar mascavo bem apertado (100 g)
- ½ xícara (chá) de manteiga gelada (120 g)
- 1 ovo grande
- 1 colher (chá) de essência de baunilha

COBERTURA

- 2 xícaras (chá) de açúcar de confeiteiro (300 g)
- 3 colheres (sopa) de suco de limão

DECORAÇÃO

- Confeitos de chocolate coloridos
- Estrelinhas ou coraçõezinhos de chocolate ou de açúcar
- Confeitos coloridos, glitter ou confeitos prateados

USE ESSA MESMA MASSA PARA FAZER BISCOITOS COM LETRAS. SÃO ÓTIMOS PARA UMA FESTA DE ANIVERSÁRIO.

MODO DE FAZER

DICA Para fazer um prato bem alegre e colorido, escolha uma variedade grande de decorações.

1 Para preparar os biscoitos, peneire a farinha, o fermento e o sal numa tigela grande. Junte o açúcar mascavo. Corte a manteiga em pedacinhos e adicione à tigela. Esfregue a mistura com a ponta dos dedos para incorporar a manteiga até formar uma farofa grosseira.

2 Numa xícara, bata o ovo e a baunilha com um garfo. Despeje sobre a farofa e amasse com as mãos até a massa formar uma bola.

Polvilhe farinha sobre a superfície de trabalho e coloque a massa. Amasse até ficar homogênea. Faça um rolo, embrulhe em filme plástico e deixe na geladeira por 2 horas.

3 Desembrulhe o rolo de massa e quebre em pedaços. Enrole cordões da espessura e comprimento de um lápis. Delicadamente, modele no formato de números. Faça todos do mesmo tamanho.

4 Preaqueça o forno a 190ºC. Forre duas assadeiras grandes com papel-manteiga. Use a espátula para colocar os biscoitos nas assadeiras. Asse por 9-12 minutos até que os biscoitos dourem levemente nas bordas. Deixe esfriar sobre uma grade de metal antes de decorar.

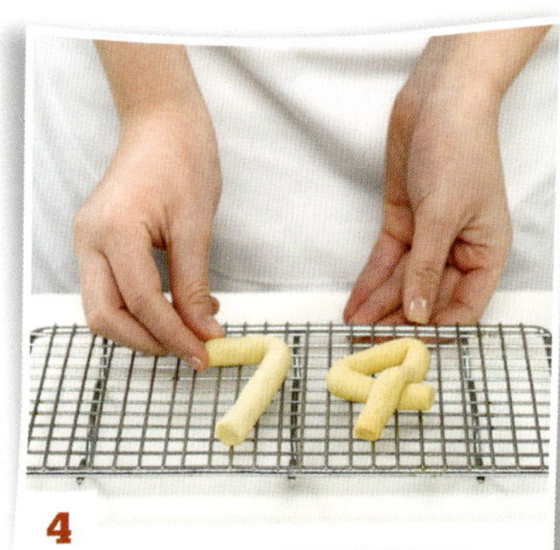

5 Para fazer a cobertura, coloque o açúcar de confeiteiro numa tigela pequena e adicione suco de limão aos poucos até obter uma mistura cremosa. Pincele os números com bastante cobertura e, antes que sequem, decore-os com os confeitos.

RENDE 20-30 BISCOITOS • LEVA 50 MINUTOS PARA PREPARAR + 2 HORAS NA GELADEIRA • TEMPO DE FORNO: 9-12 MINUTOS

★ COOKIES COM GOTAS DE CHOCOLATE ★

½ xícara (chá) de manteiga sem sal
2 colheres (sopa) de açúcar
4 colheres (sopa) de açúcar mascavo
1 ovo grande
¾ xícara (chá) de farinha de trigo (125 g)
½ colher (chá) de bicarbonato de sódio
1 pitada de sal
1 xícara (chá) de gotas de chocolate amargo (180 g)
¼ xícara (chá) de castanhas variadas picadas (40 g)
1-2 colheres (sopa) de leite, se necessário

PREPARE ESSES BISCOITOS CLÁSSICOS QUANDO OS AMIGOS VÊM À SUA CASA OU PARA LEVAR DE LANCHE À ESCOLA.

DICA Experimente também uma mistura de três chocolates (ao leite, amargo e branco) e coco ralado. Marshmallows também dão um sabor muito bom.

MODO DE FAZER

1 Preaqueça o forno a 180ºC. Forre uma ou duas assadeiras com papel-manteiga. Coloque a manteiga e os dois açúcares numa tigela grande e bata com a batedeira ou com a colher de pau até ficar cremoso. Quebre o ovo em uma tigela pequena e, em seguida, adicione à mistura.

1

2

2 Peneire a farinha, o bicarbonato e o sal em outra tigela. Adicione esses ingredientes à mistura de manteiga, mexendo com uma colher de metal. Acrescente as gotas de chocolate e as castanhas picadas. Junte o leite apenas se a massa estiver muito dura.

3 Coloque colheradas da massa sobre as assadeiras preparadas. Deixe bastante espaço entre os biscoitos porque eles se espalham bastante enquanto assam.

4

4

4 Asse por 10-12 minutos até dourarem levemente nas bordas. Retire do forno e deixe os biscoitos nas assadeiras por 2-3 minutos para endurecerem. Depois, usando uma espátula, passe-os para uma grade de metal até esfriarem completamente.

RENDE 12 COOKIES • LEVA 15 MINUTOS PARA PREPARAR • TEMPO DE FORNO: 10-12 MINUTOS

★ FANTASMA DE MERENGUE ★

2 ovos grandes
1 pitada de sal
¾ xícara (chá) de açúcar refinado (150 g)
Uva-passa para os olhos

ASSE ESSES BISCOITOS PARA O DIA DAS BRUXAS.

DICA Os ovos são mais fáceis de serem separados quando estão frios, mas batem melhor quando estão em temperatura ambiente. Separe as claras das gemas assim que tirar os ovos da geladeira e deixe as tigelas em temperatura ambiente por 15 minutos, antes de bater. A tigela das claras deve estar bem limpa: a menor quantidade de gordura pode estragar o seu merengue.

MODO DE FAZER

1 Preaqueça o forno a 130ºC. Forre duas assadeiras grandes com papel-manteiga.

2 Para separar as claras das gemas, pegue duas tigelas pequenas. Bata o ovo na borda de uma tigela e depois separe as metades da casca, sem deixar a gema cair. Passe a gema de uma metade da casca para a outra até que toda a clara tenha escorregado para a tigela. Coloque a gema na outra tigela.

1

2

3

3 Passe as claras para uma tigela grande e adicione o sal. Bata com a batedeira até formar picos suaves. Adicione o açúcar aos poucos, uma colher por vez, e continue batendo até que o merengue fique firme e brilhante.

4 Coloque um bico liso de 1 cm no saco de confeitar. Coloque merengue no saco, gire bem a abertura para fechar e faça ondas (cerca de 10 cm de comprimento) para criar os fantasmas nas assadeiras. Deixe um bom espaço entre eles.

4

5

6

5 Use duas uvas-passas para fazer os olhos.

6 Asse por 1 hora e 15 minutos, até que o merengue fique crocante por fora. Desligue o forno e deixe a porta entreaberta por pelo menos 2 horas para os merengues secarem e esfriarem.

RENDE 10-15 BISCOITOS • LEVA 50 MINUTOS PARA PREPARAR + 2 HORAS PARA ESFRIAR • TEMPO DE FORNO: 1H15

★ COOKIES COM MARSHMALLOW ★

- 2 xícaras (chá) de farinha de trigo (300 g)
- ⅔ xícara (chá) de cacau em pó (100 g)
- ½ colher (chá) de bicarbonato de sódio
- ⅛ colher (chá) de sal
- ½ xícara (chá) de manteiga sem sal amolecida (120 g)
- 1 xícara (chá) de açúcar (200 g)
- 1 ovo grande
- ½ xícara (chá) de leite (120 ml)
- 1 colher (chá) de essência de baunilha
- 15 marshmallows cor-de-rosa
- 15 marshmallows brancos

VOCÊ SABIA QUE MARSHMALLOW É O NOME DE UMA PLANTA? NO PASSADO, A SUBSTÂNCIA PEGAJOSA DAS SUAS RAÍZES ERA USADA PARA FAZER MARSHMALLOWS. HOJE, A MAIORIA É FEITA COM GELATINA.

MODO DE FAZER

1 Preaqueça o forno a 190ºC. Forre duas assadeiras grandes com papel-manteiga. Misture a farinha, o cacau, o bicarbonato e o sal em uma tigela. Bata a manteiga e o açúcar em uma tigela grande usando a batedeira até ficar claro e cremoso. Acrescente o ovo, o leite e a baunilha. Junte os ingredientes secos.

1

2

3

2 Coloque colheradas da massa nas assadeiras, deixando cerca de 5 cm de espaço entre um e outro. Asse por 10-12 minutos até que os cookies comecem a se espalhar e a ficar firmes.

3 Corte os marshmallows ao meio sobre uma tábua.

4 Retire as assadeiras do forno. Coloque duas metades de marshmallow (com o lado do corte para baixo) em cada biscoito e aperte levemente.

4

5

5 Asse por mais 2-3 minutos até que os marshmallows derretam. Deixe os cookies nas assadeiras por 2-3 minutos para endurecerem. Depois, usando uma espátula, transfira para uma grade de metal e deixe esfriarem completamente.

RENDE 30 COOKIES • LEVA 40 MINUTOS PARA PREPARAR • TEMPO DE FORNO: 12-15 MINUTOS

★ COOKIES COM ESPIRAL ★

1 xícara (chá) de manteiga sem sal amolecida (250 g)
½ xícara (chá) de açúcar mascavo bem apertado (100 g)

¾ xícara (chá) de açúcar (150 g)
2 ovos grandes
2 colheres (chá) de essência de baunilha

3 xícaras (chá) de farinha de trigo (450 g)
1 colher (chá) de fermento em pó
½ colher (chá) de bicarbonato de sódio

⅛ colher (chá) de sal
¾ xícara (chá) de gotas de chocolate amargo (120 g)
Corante alimentício vermelho

ESSA MASSA SE MANTÉM NA GELADEIRA POR 2-3 DIAS. ASSIM, SE DE REPENTE VOCÊ QUER COOKIES, TUDO O QUE PRECISA FAZER É FATIAR E ASSAR.

DICA Você pode variar esses biscoitos simplesmente usando corante verde, amarelo ou azul.

MODO DE FAZER

1 Bata a manteiga e os dois tipos de açúcar com a batedeira até ficar cremoso. Sempre batendo, junte os ovos e a baunilha. Adicione a farinha, o fermento, o bicarbonato e o sal, misturando até formar uma massa firme.

2 Coloque 5 cm de água em uma panela e deixe ferver. Coloque as gotas de chocolate em uma tigela refratária e acomode-a sobre a panela. Mexa o chocolate até derreter e ficar homogêneo.

3 Polvilhe farinha sobre a superfície de trabalho. Divida a massa em duas partes. Adicione o corante a uma das partes e amasse até ficar colorida por igual. À outra parte junte o chocolate, adicionando mais farinha se estiver grudenta. Embrulhe em filme plástico e gele por 1 hora.

1

2

3

4 Divida as duas massas ao meio. Abra cada pedaço entre duas folhas de papel-manteiga até obter um retângulo de 15 cm x 23 cm com 5 mm de espessura. Gele por 30 minutos.

5 Retire o papel. Coloque um retângulo de massa de chocolate sobre um de massa vermelha. Apare as bordas e enrole formando dois rolos. Embrulhe em filme plástico e gele por 2 horas.

6 Preaqueça o forno a 180ºC. Forre três assadeiras com papel-manteiga. Desembrulhe os rolos e corte em fatias de 1 cm de espessura. Com a espátula, passe para as assadeiras. Asse por 10-12 minutos até firmar. Retire do forno e deixe nas assadeiras por 2-3 minutos para endurecer. Em seguida, transfira para uma grade de metal e deixe esfriar.

4

5

6

RENDE 30-40 COOKIES • LEVA 45 MINUTOS PARA PREPARAR + 3H30 DE GELADEIRA • TEMPO DE FORNO: 10-12 MINUTOS

★ BISCOITOS DE GENGIBRE ★

BISCOITOS

- 2 ⅔ xícaras (chá) de farinha de trigo (400 g), mais um extra para polvilhar
- ¾ colher (chá) de bicarbonato de sódio
- ½ colher (chá) de fermento em pó
- 1 colher (chá) de canela em pó
- 1 colher (chá) de gengibre em pó
- ½ colher (chá) de pimenta-da-jamaica
- ¼ colher (chá) de sal
- ½ xícara (chá) de manteiga sem sal gelada (120 g)
- ¾ xícara (chá) de açúcar mascavo bem apertado (150 g)
- 1 ovo grande
- ½ xícara (chá) de mel (120 ml)
- 1-2 colheres (chá) de leite, se necessário

DECORAÇÃO

- Uvas-passas para os olhos e botões
- Castanhas picadas, lâminas de amêndoas, sementes de gergelim

BISCOITOS DE GENGIBRE NO FORMATO DE BONECOS EXISTEM HÁ CENTENAS DE ANOS. A RAINHA ELIZABETH I DA INGLATERRA (1533-1603) PRESENTEAVA CONVIDADOS IMPORTANTES COM ESSES BISCOITOS.

MODO DE FAZER

DICA Faça um furo nos biscoitos com um espeto antes de assar para pendurá-los com laços de fita.

1 Para fazer os biscoitos, coloque em uma tigela grande a farinha, o bicarbonato, o fermento, a canela, o gengibre, a pimenta-da-jamaica e o sal. Corte a manteiga e espalhe os pedacinhos sobre a mistura de farinha na tigela. Com a ponta dos dedos, amasse a manteiga até que a mistura fique com a aparência de uma farofa grossa. Junte o açúcar mascavo.

1

2

2 Quebre o ovo em uma xícara, adicione o mel e bata até ficar homogêneo. Faça um buraco no meio da farofa e despeje a mistura de ovo e mel. Misture bem e amasse até obter uma massa lisa. Se a massa estiver esfarelando, adicione 1-2 colheres (chá) de leite. Se estiver muito úmida e pegajosa, polvilhe um pouco de farinha. Preaqueça o forno a 180ºC. Forre duas assadeiras grandes com papel-manteiga.

3 Embrulhe metade da massa em filme plástico e deixe-a na geladeira. Polvilhe a superfície de trabalho com farinha e abra a outra metade até ficar com 5 mm de espessura. Pressione o cortador sobre a massa e use a espátula para transferir os biscoitos para as assadeiras. Abra a outra metade da massa e corte mais biscoitos.

3

4

4 Para decorar, pressione as uvas-passas, castanhas, amêndoas e sementes nos biscoitos crus para criar olhos, cabelos, botões e roupas. Asse por 12-15 minutos até ficarem bem dourados. Deixe nas assadeiras por 2-3 minutos e passe para uma grade de metal para esfriar.

RENDE 12-15 BISCOITOS • LEVA 50 MINUTOS PARA PREPARAR • TEMPO DE FORNO: 12-15 MINUTOS

★ RATINHOS DE MARZIPÃ ★

- 250 g de marzipã
- 48 lâminas de amêndoas, para as orelhas
- 2⅓ xícaras (chá) de gotas de chocolate amargo (250 g)
- Fios de alcaçuz cortados com 5 cm de comprimento, para as caudas
- 1-2 fios de alcaçuz cortados em 48 pedacinhos, para os olhos

O MARZIPÃ É FEITO DE UMA MISTURA DE AMÊNDOAS E AÇÚCAR. COMPRE EM LOJAS DE ARTIGOS PARA DECORAÇÃO DE BOLOS OU PELA INTERNET.

DICA Você pode preparar o seu próprio marzipã com 3 xícaras (chá) de farinha de amêndoa (450 g), 3 xícaras (chá) de açúcar de confeiteiro (450 g) e 3 colheres (sopa) de água de rosas. Amasse todos os ingredientes até obter uma massa firme.

MODO DE FAZER

1 Corte o rolo de marzipã ao meio no sentido do comprimento; depois, corte cada metade em 12 pedaços iguais. Modele cada pedaço em formato oval. Aperte uma ponta para fazer o focinho. Com um palito de madeira, faça dois furos para os olhos.

2 Para fazer as orelhas, pegue duas lâminas de amêndoas, umedeça uma ponta e espete acima dos olhos.

3 Coloque cerca de 5 cm de água em uma panela em fogo baixo e deixe ferver ligeiramente. Coloque as gotas de chocolate em uma tigela refratária e acomode-a sobre a panela. A tigela não deve tocar a água. Mexa até o chocolate derreter e ficar uniforme.

4 Cubra 12 ratinhos com chocolate: espete um palito na parte de trás onde será colocada a cauda. Mergulhe-o no chocolate e bata o palito na borda da tigela para escorrer o excesso . Coloque o ratinho com o palito em um prato untado. Deixe na geladeira por 30 minutos, até firmar.

5 Com o palito, faça um furo na parte de trás dos ratinhos para as caudas. Quando o chocolate estiver firme, retire cuidadosamente o palito e coloque as caudas de alcaçuz nos furos. Fixe os olhos de alcaçuz.

RENDE 24 RATINHOS • LEVA 1 HORA PARA PREPARAR + 30 MINUTOS DE GELADEIRA

★ BISCOITOS RECORTADOS ★

BISCOITOS

- ¾ xícara (chá) de manteiga sem sal amolecida (180 g)
- ¾ xícara (chá) de açúcar mascavo (150 g)
- 1 ovo grande
- 1 colher (chá) de essência de baunilha
- ⅛ colher (chá) de sal
- 2 xícaras (chá) de farinha de trigo (300 g) + extra
- ¾ xícara (chá) de farinha de amêndoa (75 g)

GLACÊ

- 2 xícaras (chá) de açúcar de confeiteiro (300 g)
- 2-3 colheres (sopa) de água fria
- Corante alimentício vermelho, verde, azul e amarelo

DECORAÇÃO

- Confeitos coloridos de chocolate
- Confeitos coloridos

USE TRÊS OU QUATRO CORES DIFERENTES DE GLACÊ PARA CRIAR UMA SELEÇÃO ESPETACULAR DE BISCOITOS.

DICA Se você não estiver seguro sobre como decorar os biscoitos, copie a decoração dos nossos e, depois, crie os seus.

MODO DE FAZER

1 Para fazer os biscoitos, bata a manteiga e o açúcar mascavo em uma tigela grande até ficar cremoso. Bata o ovo em uma xícara com a baunilha e o sal e despeje sobre a massa. Bata até ficar homogêneo. Adicione a farinha de trigo e a farinha de amêndoa.

2 Trabalhe a massa com as mãos até ficar lisa. Se estiver muito pegajosa, polvilhe um pouco de farinha. Faça uma bola e embrulhe em filme plástico. Deixe na geladeira por 30 minutos.

3 Preaqueça o forno a 180ºC. Forre três assadeiras com papel-manteiga. Divida a massa em duas partes iguais. Polvilhe farinha na superfície de trabalho e abra uma parte da massa com 5 mm de espessura. Use cortadores de biscoito nos seus formatos preferidos. Repita com a outra parte da massa. Abra as sobras de massa e corte biscoitos até que toda a massa tenha sido usada.

4 Com a espátula, coloque os biscoitos nas assadeiras preparadas deixando bastante espaço entre eles. Asse por 10-12 minutos até ficarem dourados. Deixe esfriar nas assadeiras por 2-3 minutos para endurecer. Com a espátula, passe-os para grades de metal para terminarem de esfriar.

5 Para fazer o glacê, misture o açúcar de confeiteiro com a água até ficar liso. Divida em 3 ou 4 tigelas pequenas e adicione algumas gotas de corante a cada uma. Espalhe um pouco de glacê em cada biscoito. Deixe cada cor secar antes de aplicar a seguinte. Decore com os confeitos.

RENDE 25-30 BISCOITOS • LEVA 50 MINUTOS PARA PREPARAR + 30 MINUTOS DE GELADEIRA • TEMPO DE FORNO: 10-12 MINUTOS

★ PÃO DE IOGURTE ★

- 1⅓ xícara (chá) de farinha de trigo (200 g)
- 2 colheres (chá) de fermento em pó
- 1¼ xícara (chá) de açúcar mascavo bem apertado (250 g)
- 1 xícara (chá) de iogurte integral (250 ml)
- ¾ xícara (chá) de coco ralado seco (80 g)
- 1 colher (sopa) de suco de laranja
- 1 colher (chá) de essência de baunilha
- ¼ xícara (chá) de azeite de oliva extravirgem (60 ml)
- 2 ovos grandes

ESSE PÃO DELICIOSO PODE SER PREPARADO RAPIDAMENTE E, NO FINAL, RESTA APENAS UMA TIGELA PARA LAVAR!

DICA Faça esse pão para sua família saborear no café da manhã ou no brunch. Sirva morno com manteiga.

MODO DE FAZER

1 Coloque a farinha e o fermento em uma tigela grande e misture bem com uma espátula ou uma colher de pau. Adicione todos os outros ingredientes, exceto os ovos. Quebre os ovos na embalagem vazia do iogurte e bata levemente com um garfo. Despeje na tigela.

1

2

2 Coloque a tigela sobre um pano úmido para evitar que escorregue e misture com toda a sua força. Mexa até que tudo esteja bem misturado. Preaqueça o forno a 190ºC.

3 Coloque uma fôrma de pão sobre um pedaço de papel-manteiga e, com um lápis, marque o contorno da fôrma. Recorte a figura. Unte a fôrma, forre com o papel-manteiga e unte também o papel.

3

4

4 Coloque a massa na fôrma preparada e alise a superfície. Asse por 15 minutos. Abaixe a temperatura do forno para 170ºC e asse por mais 30-35 minutos, até que fique firme e dourado. Deixe esfriar na fôrma antes de desenformar.

RENDE 10-12 FATIAS • LEVA 10 MINUTOS PARA PREPARAR • TEMPO DE FORNO: 45-50 MINUTOS

CUPCAKES COM BORBOLETA

CUPCAKES

½ xícara (chá) de manteiga sem sal amolecida (120 g)

⅔ xícara (chá) de açúcar (125 g)

2 ovos grandes

¾ xícara (chá) de farinha de trigo (125 g)

1½ colher (chá) de fermento em pó

1 colher (sopa) de cacau em pó

COBERTURA

½ xícara (chá) de manteiga sem sal amolecida (120 g)

1⅔ xícara (chá) de açúcar de confeiteiro (250 g) + extra para polvilhar

1 colher (chá) de água quente

½ colher (chá) de essência de baunilha

Gotas de corante alimentício nas cores vermelho, azul e amarelo

Confeitos coloridos de chocolate

Gomas e fios de alcaçuz para as antenas

ESSES CUPCAKES SÃO PERFEITOS PARA UMA FESTA DE ANIVERSÁRIO INFANTIL.

DICA Você pode fazer a cobertura de todos em uma só cor ou usar várias cores para fazer uma bandeja bem colorida.

MODO DE FAZER

1 Para fazer os cupcakes, preaqueça o forno a 180ºC. Bata a manteiga e o açúcar em uma tigela grande, com a batedeira ou com uma colher de pau, até ficar claro e cremoso. Bata os ovos com um garfo em uma tigela pequena e junte aos poucos à mistura de manteiga.

2 Peneire a farinha, o fermento e o cacau sobre a massa. Mexa até ficar homogêneo.

3 Coloque forminhas de papel colorido em uma fôrma para 12 cupcakes. Coloque colheradas da massa nas forminhas, enchendo dois terços de cada uma. Asse por 15-20 minutos até que os cupcakes cresçam e fiquem firmes ao toque. Deixe-os na fôrma por 5 minutos, depois passe para uma grade de metal para terminar de esfriar.

4 Para a cobertura, bata a manteiga em uma tigela até ficar cremosa, usando uma espátula ou a batedeira. Aos poucos, junte o açúcar de confeiteiro e continue a bater. Adicione a água e a baunilha. Divida a cobertura por igual em três tigelas pequenas e adicione uma cor de corante a cada uma.

5 Corte a tampa de cada cupcake, corte-as ao meio e polvilhe com açúcar de confeiteiro para fazer as asas. Espalhe a cobertura nos cupcakes, quatro de cada cor, e faça o corpo com o saco de confeitar. Arrume o par de asas. Faça os olhos com confeitos de chocolate e as antenas com tirinhas de goma ou fios de alcaçuz.

RENDE 12 CUPCAKES • LEVA 45 MINUTOS PARA PREPARAR • TEMPO DE FORNO: 15-20 MINUTOS

★ MUFFINS DE BANANA ★

2⅓ xícara (chá) de farinha de trigo (350 g)
¾ xícara (chá) de açúcar (150 g)
1 colher (sopa) de fermento em pó
½ colher (chá) de bicarbonato de sódio
⅛ colher (chá) de sal
1 colher (chá) de canela em pó

⅓ xícara (chá) de manteiga sem sal (90 g)
1½ xícara (chá) de leitelho (375 ml)
1 ovo grande
3 bananas médias (cerca de 400 g) bem maduras, amassadas
4 colheres (sopa) de açúcar demerara, para polvilhar

PARA VARIAR, ADICIONE À MASSA UM PUNHADO DE GOTAS DE CHOCOLATE OU CASTANHAS PICADAS JUNTO COM A BANANA.

DICA Se você não encontrar o leitelho, faça em casa batendo 1 xícara (chá) de leite (250 ml) com ½ xícara (chá) de iogurte integral (120 ml).

MODO DE FAZER

1 Preaqueça o forno a 170°C. Arrume forminhas de papel coloridas em uma fôrma para 12 muffins. Coloque em uma tigela grande a farinha, o açúcar, o fermento, o bicarbonato, o sal e a canela e misture com uma colher de pau.

1

2

2 Derreta a manteiga em uma panela pequena em fogo baixo. Deixe esfriar um pouco. Numa jarra medidora, bata a manteiga fria, o leitelho e o ovo. Despeje na mistura de farinha e mexa até ficar liso e bem misturado.

3 Adicione a banana e misture com uma espátula. Coloque colheradas da massa nas forminhas de papel preenchendo até ⅔ da altura. Polvilhe o açúcar demerara por cima.

3

4

4 Asse por 20-25 minutos até que os muffins estejam crescidos e dourados. Deixe na fôrma por 5 minutos, depois desenforme sobre uma grade de metal para esfriar completamente.

RENDE 12 MUFFINS • LEVA 25 MINUTOS PARA PREPARAR • TEMPO DE FORNO: 20-25 MINUTOS

★ FESTA DO CUPCAKE ★

CUPCAKES

¾ xícara (chá) de manteiga sem sal amolecida (180 g)

1 xícara (chá) de açúcar (200 g)

1 colher (chá) de essência de baunilha

2 ovos grandes

1⅔ xícara (chá) de farinha de trigo (250 g)

1 colher (chá) de fermento em pó

¼ xícara (chá) de leite (60 ml)

COBERTURA

2 xícaras (chá) de açúcar de confeiteiro (300 g)

2-3 colheres (sopa) de água

Gotas de corante alimentício vermelho, laranja e amarelo

DECORAÇÃO

Enfeites pequenos (confeitos de chocolate, minimarshmallows, alcaçuz, gomas, gotas de chocolate etc.)

SURPREENDA SUA FAMÍLIA E OS AMIGOS COM ESSES DIVERTIDOS CUPCAKES. COPIE NOSSAS DECORAÇÕES OU CRIE AS SUAS.

DICA Se forem poucos amigos, prepare cupcakes de tamanho normal. Mas, se for uma festa para mais gente, faça minicupcakes. Sendo pequenos, assam em 10-12 minutos.

MODO DE FAZER

1 Preaqueça o forno a 180ºC. Arrume forminhas de papel em uma fôrma para 12 cupcakes. Coloque em uma tigela grande a manteiga, o açúcar e a baunilha e bata até ficar claro e cremoso. Bata os ovos em uma tigela pequena e junte à mistura.

2 Peneire a farinha e o fermento na tigela e misture. Adicione o leite, mexendo até a massa ficar homogênea.

3 Coloque colheradas da massa nas forminhas até preencher ⅔ da altura. Asse por 15-20 minutos até que os cupcakes estejam crescidos e firmes ao toque. Deixe na fôrma por 5 minutos, depois desenforme sobre uma grade de metal para esfriar completamente.

4 Para fazer a cobertura, peneire o açúcar de confeiteiro em uma tigela e misture com água suficiente para fazer uma pasta grossa. Divida a cobertura por igual em três tigelas pequenas e, a cada uma, adicione uma cor de corante.

5 Espalhe cada cor de cobertura em quatro cupcakes. Agora divirta-se com a decoração. Faça joaninhas, porquinhos, ursos, piratas e muitas caretas engraçadas. Pressione os enfeites antes que a cobertura seque.

RENDE 12 CUPCAKES • LEVA 1 HORA PARA PREPARAR . TEMPO DE FORNO: 15-20 MINUTOS

CROCANTE DE FRUTAS

RECHEIO

4 pêssegos grandes (cerca de 750 g)

3 colheres (sopa) de açúcar mascavo bem apertado

1 laranja

1½ xícara (chá) de amora, mirtilo ou framboesa (300 g)

COBERTURA

⅔ xícara (chá) de farinha de trigo (100 g)

2 colheres (sopa) de aveia em flocos

⅓ xícara (chá) de farinha de amêndoa (50 g)

½ xícara (chá) de açúcar (100 g)

½ xícara (chá) de manteiga com sal gelada (120 g)

1 colher (sopa) de água

O CROCANTE, OU *CRUMBLE*, É A SOBREMESA PREFERIDA DOS INGLESES E AUSTRALIANOS. ESSE É RECHEADO COM PÊSSEGO E FRUTAS VERMELHAS, MAS PODE-SE PREPARÁ-LO COM AMEIXA OU MAÇÃ.

MODO DE FAZER

DICA Os crocantes ficam deliciosos com sorvete de creme. Sirva morno com uma ou duas bolas.

1 Para preparar o recheio, preaqueça o forno a 190ºC. Unte uma travessa refratária funda de cerca de 20 cm de comprimento. Corte os pêssegos ao meio, retire o caroço e corte em pedaços menores. Tenha cuidado com a faca, não deixe seus dedos perto do corte. Coloque o pêssego picado na travessa.

2 Polvilhe o açúcar mascavo sobre o pêssego. Corte a laranja ao meio e extraia o suco com um espremedor. Despeje o suco sobre o pêssego e misture delicadamente. Junte as frutas vermelhas.

3 Para a cobertura, misture em uma tigela a farinha de trigo, a aveia, a farinha de amêndoa e o açúcar. Corte a manteiga em pedacinhos e espalhe na tigela. Com a ponta dos dedos, incorpore a manteiga à mistura até ficar com a aparência de uma farofa grossa.

4 Espalhe a cobertura na travessa sobre as frutas e aperte levemente com as mãos. Respingue a cobertura com a água, pois ela ajuda a ficar crocante. Asse por 30-35 minutos até dourar. Deixe esfriar por 10 minutos antes de servir.

RENDE 4-6 PORÇÕES • LEVA 30 MINUTOS PARA PREPARAR • TEMPO DE FORNO: 30-35 MINUTOS

★ BOLO ARCA DO TESOURO ★

BOLO

½ xícara (chá) de manteiga sem sal amolecida (375 g)

1¾ xícara (chá) de açúcar (350 g)

6 ovos grandes

2⅓ xícaras (chá) de farinha de trigo (350 g)

2 colheres (chá) de fermento em pó

2 colheres (sopa) de leite

COBERTURA

1 xícara (chá) de manteiga sem sal amolecida (250 g)

3⅓ xícaras (chá) de açúcar de confeiteiro (500 g)

1 colher (sopa) de cacau em pó

4-6 colheres (chá) de água quente

DECORAÇÃO

Tiras de alcaçuz

Raspas de chocolate

Confeitos prateados

Moedas de chocolate douradas

FAÇA ESSE BOLO COMO PRESENTE DE ANIVERSÁRIO PARA SEU MELHOR AMIGO.

DICA Siga a nossa decoração ou procure outras ideias de arcas do tesouro na internet antes de decorar o seu bolo.

MODO DE FAZER

1 Para fazer o bolo, preaqueça o forno a 170ºC. Unte uma fôrma quadrada de 23 cm, forre com papel-manteiga e unte também o papel. Bata a manteiga e o açúcar até ficar claro e cremoso. Quebre os ovos em uma tigela, bata com um garfo e misture aos poucos com a massa.

2 Peneire a farinha e o fermento e adicione à massa. Misture o leite. Coloque a massa na fôrma, nivelando a superfície.

1

2

3

Asse por 80-90 minutos até que esteja crescido e dourado. Deixe na fôrma por 10 minutos, depois vire sobre uma grade de metal. Retire o papel-manteiga.

3 Para preparar a cobertura, bata a manteiga, o açúcar, o cacau e água suficiente para obter um creme grosso. Corte o bolo ao meio, recheie e cubra com a outra metade.

4 Espalhe uma camada grossa da cobertura sobre o topo do bolo e depois nas laterais. Com a espátula, alise todo o bolo por igual de forma que fique parecendo uma arca.

4

5

5 Para decorar, destaque as quinas e a tampa da arca com tiras de alcaçuz. Polvilhe a tampa com raspas de chocolate. Faça um fecho de alcaçuz. Coloque confeitos prateados nos cantos e no fecho. Espalhe moedas douradas em volta.

RENDE 12 PORÇÕES • LEVA 1 HORA PARA PREPARAR • TEMPO DE FORNO: 80-90 MINUTOS

★ BOLO VITÓRIA ★

BOLO

- ¾ xícara (chá) de manteiga sem sal amolecida (175 g)
- 1 xícara (chá) de açúcar refinado (175 g)
- 3 ovos grandes
- 1¼ xícara (chá) de farinha de trigo (175 g)
- ½ colher (chá) de fermento em pó

RECHEIO

- ¾ xícara (chá) de creme de leite (180 ml)
- 1 colher (sopa) de açúcar de confeiteiro + extra para polvilhar
- ¼ xícara (chá) de geleia de framboesa (75 g)
- 1 xícara (chá) de framboesa fresca (150 g)

ESSE BOLO RECEBEU ESSE NOME EM HOMENAGEM À RAINHA VITÓRIA QUE REINOU NA GRÃ-BRETANHA DE 1837 A 1901. ELA GOSTAVA DE COMER UMA FATIA COM O SEU CHÁ DA TARDE.

MODO DE FAZER

DICA Retire o papel-manteiga bem devagar para não arrancar pedaços do bolo.

1 Para fazer o bolo, preaqueça o forno a 180ºC. Unte duas fôrmas redondas de 18 cm. Coloque uma fôrma sobre duas folhas de papel-manteiga e, com um lápis, desenhe um círculo em volta. Recorte os círculos e coloque um em cada fôrma.

2 Bata a manteiga e o açúcar em uma tigela grande, com a batedeira ou uma colher de pau, até que fique claro e cremoso. Bata os ovos em uma tigela pequena com um garfo. Junte-os à massa.

3 Peneire metade da farinha e do fermento sobre a massa. Misture com uma espátula. Repita com o restante da farinha e do fermento.

1

2

3

4 Divida a massa igualmente entre as duas fôrmas, alisando-as para nivelar. Asse por 20-25 minutos até dourar e que as bordas do bolo tenham encolhido ligeiramente.

4

5

6

5 Deixe os bolos nas fôrmas por 5 minutos, depois vire-os sobre uma grade de metal. Retire cuidadosamente o papel.

6 Bata o creme de leite e o açúcar até engrossar. Espalhe a geleia sobre um dos bolos. Recheie com o creme de leite e as framboesas. Cubra com o outro bolo. Polvilhe açúcar de confeiteiro.

RENDE 8 PORÇÕES • LEVA 45 MINUTOS PARA PREPARAR • TEMPO DE FORNO: 20-25 MINUTOS

★ CHEESECAKE DELÍCIA ★

BASE
250 g de biscoitos maisena
½ xícara (chá) de manteiga sem sal (120 g)

RECHEIO
500 g de cream cheese macio
¾ xícara (chá) de açúcar refinado (150 g)
1 colher (chá) de essência de baunilha
⅔ xícara (chá) de creme de leite (150 ml)
2 ovos grandes
1 colher (sopa) de amido de milho
1 xícara (chá) de mirtilo (150 g) + alguns para decoração

COBERTURA
1 xícara (chá) de framboesa (150 g) + algumas para decoração
1 xícara (chá) de creme de leite (250 ml)
⅔ xícara (chá) de açúcar de confeiteiro (100 g)

FAÇA VARIAÇÕES DESSA FANTÁSTICA SOBREMESA USANDO OUTRAS FRUTAS VERMELHAS, COMO MORANGO OU AMORA.

DICA Para o cream cheese ficar macio, retire-o da geladeira cerca de 30 minutos antes de começar a preparar o recheio.

MODO DE FAZER

1 Para fazer a base, unte uma fôrma desmontável de 20 cm de diâmetro. Coloque os biscoitos num saco plástico para alimentos, retire o ar e feche. Esmague os biscoitos com o rolo até transformar em migalhas bem finas. Derreta a manteiga em fogo baixo e misture com as migalhas.

2 Coloque as migalhas na fôrma. Aperte com uma espátula de borracha ou com as costas de uma colher para ficar firme. Deixe a fôrma na geladeira enquanto prepara o recheio. Preaqueça o forno a 170ºC.

3 Para o recheio, misture em uma tigela o cream cheese, o açúcar, a baunilha e o creme de leite. Bata os ovos com um garfo e despeje sobre a mistura de cream cheese. Adicione o amido de milho e mexa muito bem. Junte os mirtilos.

4 Coloque o recheio sobre a base e espalhe por igual. Asse por 50 minutos. Deixe esfriar no forno com a porta entreaberta, por cerca de 2 horas. Depois leve à geladeira por 4 horas, no mínimo, ou de um dia para o outro.

5 Para a cobertura, amasse ligeiramente as framboesas com um garfo. Bata o creme de leite e o açúcar até ficar encorpado. Adicione as framboesas amassadas. Com uma espátula de borracha, espalhe a cobertura sobre o cheesecake e decore com framboesas inteiras.

1

2

3

4

5

RENDE 8-12 PORÇÕES • LEVA 45 MINUTOS PARA PREPARAR + 6-12 HORAS PARA ESFRIAR E GELAR • TEMPO DE FORNO: 50 MINUTOS

TORTINHAS DE QUEIJO

MASSA

$1\frac{1}{3}$ xícara (chá) de farinha de trigo (200 g)

$\frac{1}{8}$ colher (chá) de sal

$\frac{1}{2}$ xícara (chá) de manteiga sem sal gelada (120 g)

2-4 colheres (sopa) de água fria

RECHEIO

2 ovos grandes

$\frac{3}{4}$ xícara (chá) de creme de leite (180 ml)

$\frac{1}{8}$ colher (chá) de sal

100 g de queijo cheddar ou emmental ralado

1 maço de cebolinha-francesa

VOCÊ PRECISARÁ DE FORMINHAS CANELADAS DE CERCA DE 10 CM DE DIÂMETRO PARA FAZER ESSAS DELICIOSAS TORTINHAS.

DICA Deixe as tortinhas assadas nas forminhas sobre uma grade de metal até esfriarem completamente. Sirva em temperatura ambiente.

MODO DE FAZER

1 Para fazer a massa, peneire a farinha e o sal em uma tigela. Pique a manteiga e espalhe na tigela. Incorpore a manteiga com a ponta dos dedos até que a mistura fique com a aparência de uma farofa grossa.

2 Borrife a água aos poucos sobre a mistura. Amasse até que a massa se transforme em uma bola. Embrulhe em filme plástico e deixe na geladeira por 30 minutos.

3 Preaqueça o forno a 180°C. Unte as forminhas com óleo. Polvilhe farinha na superfície de trabalho.

4 Abra a massa até ficar com 5 mm de espessura. Corte círculos um pouco maiores do que a forminhas. Pressione a massa nas forminhas e apare o excesso.

6 Pique a cebolinha e distribua o restante nas forminhas. Despeje a mistura de ovos e polvilhe o queijo restante. Coloque as forminhas em uma assadeira e asse por 20 minutos até ficar firme e dourar.

5 Bata os ovos em uma tigela. Adicione o creme de leite, o sal, metade do queijo ralado e bata bem.

RENDE 12 TORTINHAS • LEVA 40 MINUTOS PARA PREPARAR + 30 MINUTOS DE GELADEIRA • TEMPO DE FORNO: 20 MINUTOS

★ BARQUETES SABOROSAS ★

MASSA
1 xícara (chá) de farinha de trigo (150 g)
1 pitada de sal
⅓ xícara (chá) de manteiga sem sal gelada (90 g)
2-4 colheres (sopa) de água fria

RECHEIO
6 tomates-cereja cortados ao meio
90 g de muçarela fresca em fatias
4 cogumelos fatiados
2 cebolinhas cortadas em rodelas
1 gema grande, levemente batida, para pincelar
12 folhas de manjericão

FAZER A MASSA NÃO É DIFÍCIL. O IMPORTANTE É TRABALHAR RAPIDAMENTE E GELAR A MASSA ANTES DE USAR.

MODO DE FAZER

DICA Se você não tiver tempo para fazer a massa, compre um pacote de barquetes prontas no supermercado.

1 Para fazer a massa, peneire a farinha e o sal em uma tigela grande. Corte a manteiga e espalhe os pedacinhos na tigela. Com a ponta dos dedos incorpore a manteiga até que a mistura fique com a aparência de uma farofa grossa.

1

2

2 Respingue a água sobre a mistura, um pouco por vez. Amasse até que a massa se transforme em uma bola. Embrulhe em filme plástico e deixe na geladeira por 30 minutos. Preaqueça o forno a 200°C. Unte uma assadeira grande ou forre com papel-manteiga.

3 Polvilhe farinha na superfície de trabalho e coloque a massa sobre ela. Abra até ficar com cerca de 5 mm de espessura. Usando uma faca, corte 12 quadrados de 5 cm.

3

4

4 Pincele as bordas com a gema e junte as pontas para dar o formato de um barco. Coloque um pedaço de tomate, de queijo e de cogumelo em cada barquete. Arrume-as na assadeira. Asse por 10-12 minutos até dourar. Retire-as com uma espátula. Coloque em cada barquete rodelas de cebolinha e uma folha de manjericão.

RENDE 12 BARQUETES • LEVA 40 MINUTOS PARA PREPARAR + 30 MINUTOS DE GELADEIRA • TEMPO DE FORNO: 10-12 MINUTOS

★ PÃO IRLANDÊS ★

2 xícaras (chá) de farinha de trigo (300 g)
⅔ xícara (chá) de farinha de trigo integral (100 g)
1 colher (chá) de sal
2 colheres (chá) de bicarbonato de sódio

¼ xícara (chá) de manteiga gelada (60 g)
1 colher (sopa) de açúcar mascavo
1⅓ xícara (chá) de leitelho (340 ml) (veja pág. 28)

DE ACORDO COM UMA LENDA IRLANDESA, A CRUZ SOBRE O PÃO AFASTA O MAL.

DICA Sirva esse pão morno. Se houver alguma sobra no dia seguinte, toste antes de servir.

MODO DE FAZER

1 Preaqueça o forno a 200°C. Unte uma assadeira pequena e polvilhe com farinha. Em uma tigela grande, misture as duas farinhas, o sal e o bicarbonato. Pique a manteiga e espalhe na tigela. Com a ponta dos dedos, incorpore a manteiga. Adicione o açúcar.

2 Faça um buraco no meio da mistura de farinha e despeje o leitelho. Misture com as mãos – vai ficar um pouco pegajoso no começo, mas continue trabalhando até formar uma bola macia.

3 Polvilhe um pouco de farinha na superfície de trabalho e em suas mãos. Retire a massa da tigela e molde delicadamente uma bola de cerca de 4 cm de altura.

4 Com uma faca, corte a superfície do pão em formato de cruz. Coloque-o na assadeira preparada e polvilhe farinha sobre ele. Asse por 30-40 minutos até que esteja crescido e dourado.

RENDE 6-8 PORÇÕES • LEVA 10 MINUTOS PARA PREPARAR • TEMPO DE FORNO: 30-40 MINUTOS

★ # UTENSÍLIOS CULINÁRIOS ★

Aqui estão os utensílios de que você vai precisar para fazer as receitas.

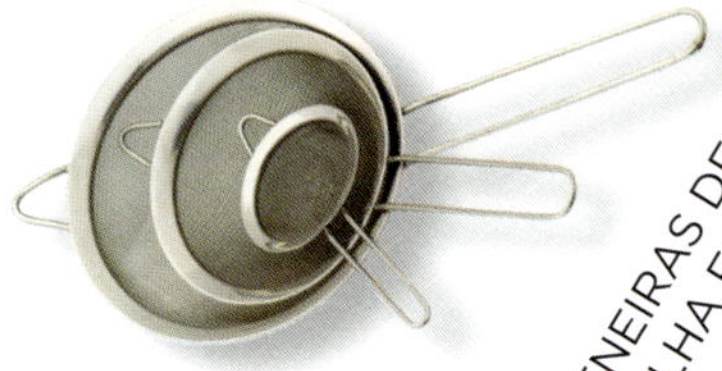
PENEIRAS DE MALHA FINA

LUVAS DE COZINHA

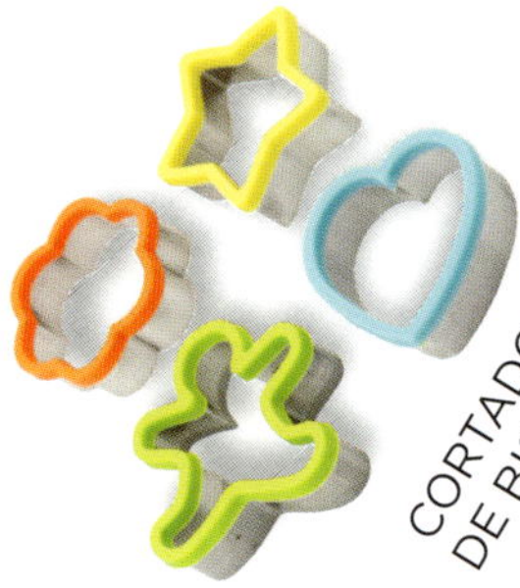
CORTADORES DE BISCOITOS

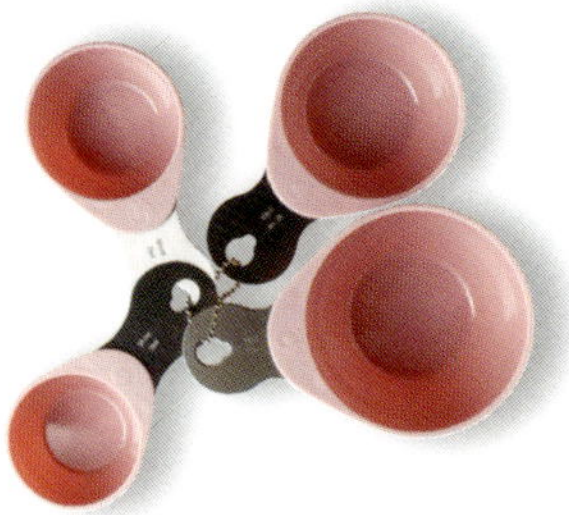
XÍCARAS MEDIDORAS

BALANÇA DE COZINHA

PROCESSADOR DE ALIMENTOS

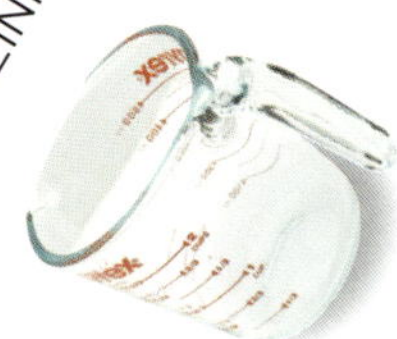
JARRA MEDIDORA

BATEDOR DE ARAME (FOUET)

TÁBUA DE CORTE

FORMINHAS DE PAPEL PARA MUFFINS E CUPCAKES

LIQUIDIFICADOR

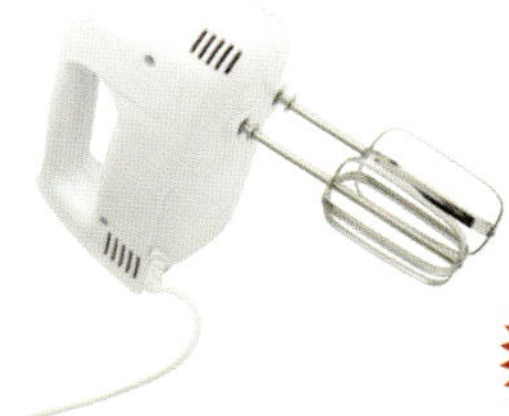
BATEDEIRA MANUAL

TIGELA PEQUENA

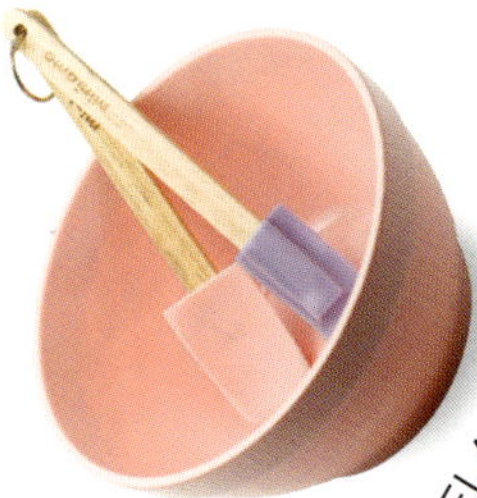
TIGELA GRANDE E ESPÁTULAS

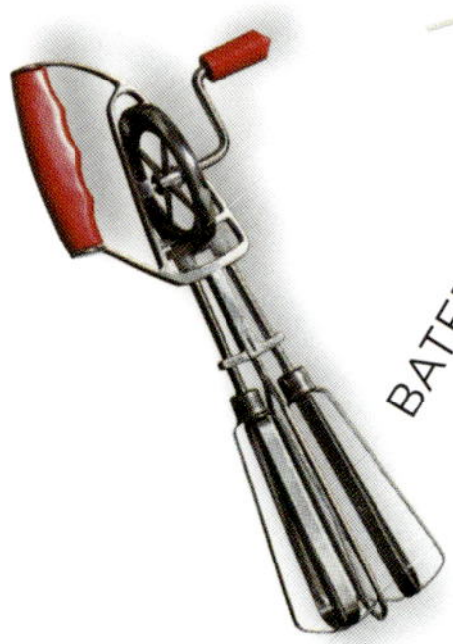
BATEDOR DE OVOS

COLHERES MEDIDORAS

PANELA
ESPÁTULA PARA SERVIR BOLO
ESPREMEDOR DE LIMÃO
MINIFORMINHAS DE PAPEL
FÔRMA DE MUFFINS
FÔRMA DE PÃO
GRADE DE METAL
PINCÉIS CHATOS
ESPÁTULAS DE BORRACHA
FÔRMA DE TORTA CANELADA
FÔRMA DESMONTÁVEL
FÔRMA DE BOLO REDONDA
ROLOS DE MASSA
FORMINHAS CANELADAS
FÔRMAS PARA TORTINHAS
COLHERES DE PLÁSTICO
FÔRMA RETANGULAR
COLHERES DE PAU
PINCÉIS
ASSADEIRA
ESPÁTULAS DE METAL

★ GLOSSÁRIO ★

aparar Cortar as partes não desejadas, como as sobras de massa.

bater Mexer os ingredientes rapidamente e com energia usando uma colher de pau ou uma batedeira elétrica até ficar uma mistura homogênea e cremosa.

creme chantili Creme de leite fresco batido, com ou sem açúcar, até ficar firme e chegar ao ponto de chantili. Deve-se então parar de bater imediatamente, pois é muito fácil passar do ponto.

creme de leite A nata do leite usada no preparo de sobremesas, coberturas ou recheios de bolo. Pode ser light ou integral. Ligeiramente batido, acompanha muitas sobremesas.

cremoso Espesso, macio e homogêneo como um creme.

derreter Aquecer um alimento sólido, como chocolate ou manteiga, de forma que se transforme em líquido.

descascar Retirar a casca de frutas ou legumes com uma faca, um descascador ou com as mãos.

ferver Aquecer um líquido até que borbulhe e solte vapor.

firmar Transformar uma mistura macia ou líquida em sólida.

forrar Cobrir a parte interna de uma fôrma ou assadeira com papel-manteiga ou papel-alumínio.

incorporar Misturar pequenos pedaços de manteiga com farinha usando a ponta dos dedos até obter uma farofa grossa.

massa Mistura básica utilizada para fazer biscoitos, bolos, tortas e pães.

papel-manteiga Papel antiaderente próprio para forrar fôrmas e assadeiras.

peneirar Passar açúcar ou farinha por uma peneira para remover grumos e adicionar ar.

pitada A quantidade de sal ou açúcar que você consegue segurar entre os dedos polegar e indicador.

ralar Esfregar um alimento, como o queijo, contra um ralador para obter pedacinhos finos.

untar Recobrir levemente com manteiga ou óleo a parte interna de uma fôrma ou assadeira usando um pincel ou toalha de papel.